Inhalt

Biotechnologie - Moderates Wachstum trotz Kapitalmangel, deutsche Biotechs stark in Krebsforschung

Kernthesen

Beitrag

Fallbeispiele

Zahlen und Fakten

Weiterführende Literatur

Impressum

Biotechnologie - Moderates Wachstum trotz Kapitalmangel, deutsche Biotechs stark in Krebsforschung

Anja Schneider

Kernthesen

- Die Biotechbranche wächst weltweit mit 15 Prozent pro Jahr, während Pharma nur mit zwei bis fünf Prozent aufwarten kann.
- Die deutschen Biotechs haben seit ihrem Bestehen insgesamt neun Produkte auf den Markt gebracht, 2011 wurde Ameluz von Biofrontera zugelassen.
- Die deutsche Biotechszene legte 2011 umsatzmäßig zu, schrieb nach wie vor

Verluste und hatte zunehmende Schwierigkeiten in der Kapitalbeschaffung.
- In der Krebsforschung spielen die deutschen Biotechs eine führende Rolle.

Beitrag

Überproportionales Wachstum

Die erfreulichen Nachrichten aus der Biotechnologiebranche mehren sich. Biotech wächst weltweit mit 15 Prozent pro Jahr, der traditionelle Pharmasektor kann nur mit zwei bis fünf Prozent aufwarten kann. Die kostenintensive Forschung zeigt zunehmend Erfolge. In den USA kamen letztes Jahr 13 von Biotechfirmen entwickelte Medikamente auf den Markt. Die Aktienkurse erholen sich; der Nasdaq-Biotech-Index legte seit Jahresbeginn um mehr als zwanzig Prozent zu. Überhaupt befindet sich auch in Deutschland die Biotechnologiebranche operativ auf Wachstumskurs. 2011 konnten Umsatz und Beschäftigung gesteigert werden. Allerdings herrscht Geldmangel in der Szene. Auch Markterfolge treten nur zögerlich ein. Nur neun Medikamente hat die deutsche Biotechnologiebranche seit ihrem Bestehen auf den Markt gebracht. 2011 ließ die Europäische Kommission das Medikament Ameluz der

Leverkusener Biofrontera AG zur Vermarktung zu, ein verschreibungspflichtiges Medikament zur Hautkrebs-Behandlung. Freilich bleibt die Intensität in der Branche erhalten. Mit großer Spannung werden die Ergebnisse klinischer Studien erwartet, gehofft wird auf wohlwollende Laune der strengen amerikanischen Zulassungsbehörde, hoch gepokert wird bei den auszuhandelnden Akquisitionsprämien durch Big Pharma, und immer wieder lautet die bange Frage Woher kriegen wir mehr Geld? [Abb. 1], (1), (2), (3)

Die Branche im Überblick

Die Struktur der deutschen Biotechnologie-Branche ist mittelständisch. Das Bundesministerium Bildung und Forschung zählte für 2011 insgesamt 552 meist kleinere oder mittlere Unternehmen, die sich ganz oder überwiegend mit Verfahren der Biotechnologie beschäftigen (dedizierte Biotechnologieunternehmen). Hinzu kommen 126 Unternehmen, bei denen die Biotechnologie nur einen kleinen Teil des Geschäfts ausmacht wie etwa Pharmahersteller, Chemieunternehmen oder Saatguthersteller. 2011 erzielten die deutschen Biotechnologieunternehmen einen Jahresumsatz von rund 2,6 Milliarden Euro (plus 10 Prozent). 1996 waren es noch 300 Millionen Euro.

Die dedizierten Biotechnologieunternehmen beschäftigen in 2011 rund 16 300 Mitarbeiter. Hinzuzuzählen sind 17 570 Mitarbeiter in anderen biotechnologisch ausgerichteten Unternehmen. Das macht zusammen über 33 800 Beschäftigte in der deutschen kommerziell ausgerichteten Biotechnologiebranche. Da die Biotechnologie als Querschnittstechnologie auch in Unternehmen eingesetzt wird, deren Tätigkeitsschwerpunkt in anderen Bereichen liegt wie beispielsweise Pharmahersteller, Chemieunternehmen und Saatgutproduzenten, hat die Biotechnologie Einfluss auf mindestens 250 000 Arbeitsplätze in Deutschland.

Die Biotechnologie-Unternehmen sind auf externes Kapital angewiesen. Sie finanzieren sich aus Risikokapital, Kapitalmarkt und öffentlichen Fördermitteln. 2011 verschlechterte sich die Finanzierungslage der Branche. Als Folge daraus investierten die dedizierten Biotechnologie-Unternehmen 2011 nur 975 Millionen Euro in Forschung und Entwicklung, deutlich weniger als in den Jahren zuvor. Der größte Teil der Biotechnologieunternehmen setzt den Forschungsschwerpunkt darauf, neue Medikamente zu finden (rote Biotechnologie). Deutlich weniger arbeiten an biotechnologischen Verfahren für die Industrie/Chemie (weiße Biotechnologie) oder für die

Landwirtschaft (grüne Biotechnologie). In Deutschland haben sich mittlerweile fünf große Biotech-Cluster gebildet. In Berlin-Brandenburg sind 89 Unternehmen dediziert mit der Erforschung und Produktion von biotechnologischen Verfahren beschäftigt, im Großraum München sind es 86, weitere Cluster sind in Heidelberg, dem Rheinland und der Rhein-Main-Region. (4), (5)

Die größten Anbieter im Markt

Deutschlands größtes Biotechunternehmen ist der Aufreinigungs- und Diagnostikspezialist Qiagen mit Sitz in Hilden, der über 1 400 Mitarbeiter beschäftigt. Gemessen an der Zahl der Mitarbeiter rangiert an zweiter Position Miltenyi Biotec (medizinische Zelltechnologie, 950 Mitarbeiter) und an dritter Stelle Rentschler Biotechnologie (Biopharmaka-Auftragshersteller, über 630 Mitarbeiter).

Europas Nummer Eins ist die Schweizer Actelion. Actelion ist spezialisiert in der Erforschung, Entwicklung und Vermarktung von neuen synthetischen, kleinmolekularen Substanzen als innovative Medikamente für seltene Krankheiten. Als weltgrößtes Biotechnologieunternehmen gilt die amerikanische Amgen mit einer Marktkapitalisierung von umgerechnet mehr als 44 Milliarden Euro. Amgen kaufte Anfang Januar mit Micromet eine Biotechfirma, die zwar mittlerweile in Amerika sitzt, aber vor 19 Jahren - also in der Pionierzeit der Biotechszene - in Deutschland gegründet wurde und ihre Forschung und Entwicklung in Martinsried bei München betreibt. Der Spezialist für Antikörper beschäftigt dort rund 200 Mitarbeiter. (4), (5)

Kapitalzufluss in Deutschland und Europa deutlich verringert

Die deutschen Biotechunternehmen hatten es im vergangenen Jahr wieder schwerer, an Geld zu kommen. Zu diesem Fazit gelangten sowohl die Biotechnologie-Firmenumfrage 2012, die biotechnologie.de im Auftrag des Bundesministeriums für Bildung und Forschung (BMBF) durchführte, als auch der 13. deutsche Biotechnologie-Report der Prüfungs- und Beratungsgesellschaft Ernst & Young (E&Y). Auch in Europa insgesamt wurde deutlich weniger Kapital in die Biotechnologiebranche investiert, Ernst & Young beziffert den Rückgang auf 28 Prozent. In den Vereinigten Staaten hingegen stieg der Kapitalzufluss im Vergleich zum Vorjahr. Willkommene Geldquellen sind für die Biotechs so genannte Meilensteinzahlungen, die sie von der Big Pharma erhalten, wenn sie im Rahmen von

Forschungsallianzen vereinbarte Ziele erfolgreich erreichen. So erhielt beispielsweise der Biotechnologiekonzern Evotec kürzlich eine Zahlung in Höhe von vier Millionen Euro vom finanzstarken Partner Boehringer Ingelheim. Laut BMBF wurde mit 187 Millionen Euro im vergangenen Jahr extrem wenig Kapital in die Branche investiert, im Vorjahr waren es noch 700 Millionen Euro. Die privat geführten dedizierten Biotechunternehmen erhielten rund 72 Millionen Euro (im Vorjahr noch 321), die börsennotierten Unternehmen sammelten 70 Millionen Euro ein (im Vorjahr 335), die öffentliche Förderung blieb stabil bei 45 Millionen Euro. (5), (6)

Führende Rolle in Krebsforschung für deutsche Biotechs

Die meisten dedizierten Biotechunternehmen (laut BMBF 47,8 Prozent) haben ihren Tätigkeitsschwerpunkt in der roten Biotechnologie, das heißt sie beschäftigen sich damit, neue Wirkstoffe, Vakzine, Biomarker oder diagnostische Methoden zu finden. Dies gilt nicht nur für deutsche Unternehmen, sondern weltweit. Auch die Forschung (biowissenschaftlich ausgerichtete Institute und Universitäten) ist überwiegend darauf ausgerichtet; sie forschen in der Immunologie, der Regenerationsbiologie, der Krebs- und Herzforschung, der Infektionsforschung, der Zellbiologie, der Tiergesundheit oder der medizinischen Genomforschung. In der biotechnologischen Krebsforschung wird Deutschland sogar eine führende Rolle zugemessen. Ein Viertel aller europäischen Studien der biotechnologischen Krebsforschung wird in Deutschland durchgeführt. Beispiele für Biotechs, die auf diesem Gebiet aktiv sind, sind Evotec, Wilex, Biotest, die Antisense-Pharma und Immatics. Die Übernahme von Micromet durch Amgen ist auch durch den Wunsch nach einer gestärkten Position in der Antikrebsmedizin motiviert. Die im Juni angekündigte Partnerschaft von Merck Serono und Dr. Reddys Laboratories Ltd. zielt ebenfalls auf die Krebsforschung. Als aussichtsreich gilt Rencarex, ein Medikament gegen das Nierenzellkarzinom, entwickelt von der Biotech-Firma Wilex aus München. Ende 2012 wird das Endergebnis der klinischen Studie mit mehr als 800 Patienten erwartet. Die Heidelberger Firma Agennix will im Juli oder August Ergebnisse zu ihrem Lungenkrebsmittel Talactoferin präsentieren. (8), (9), (10), (11)

Trends

Immer mehr Biopharmazeutika auf dem Markt

Biopharmazeutika nehmen einen wachsenden Anteil in der Pharmaentwicklung und am Pharmamarkt ein. Biopharmazeutika sind Arzneistoffe, die mit Mitteln der Biotechnologie in gentechnisch veränderten Organismen hergestellt werden, zum Beispiel Proteine und Enzyme, die zu therapeutischen oder immunisierenden Zwecken eingesetzt werden. Rund fünf Prozent aller zugelassenen Wirkstoffe auf dem deutschen Mark sind biotechnologisch hergestellt. Bei den jährlich neu eingeführten Wirkstoffen liegt der Wert mittlerweile bereits zwischen 15 und 25 Prozent. Ein Beispiel: Bristol-Myers Squibb, eigentlich ein traditioneller Pharmahersteller, hat heute bereits mehr als ein Drittel Biopharmaka im Produktportfolio. (12), (13)

Fallbeispiele

GlaxoSmithKline, der größte britische Pharmakonzern, arbeitet an einer feindlichen Übernahme des amerikanischen Biotech-Unternehmens Human Genome. Die beiden Unternehmen sind sich wohl vertraut, da sie bereits seit 2006 zusammenarbeiten. Im Wesentlichen geht es um das Medikament Benlysta, einem Mittel gegen die Autoimmunerkrankung Lupus, das in den USA, Kanada und Europa zugelassen ist und Umsatz bringt - wenn auch noch nicht in der erhofften Größenordnung. Im vergangenen Jahr erwirtschaftete Human Genome bei einem Umsatz von 131 Millionen Dollar einen Verlust von 381 Millionen Dollar. (14)

Das Schweizer Biotechnologieunternehmen **Actelion** - gehandelt als Europas größtes Biotechunternehmen - hofft darauf, mit dem Medikament Macitentan für PAH-Patienten (Bluthochdruck im Lungenkreislauf) einen Nachfolger für seinen bisherigen Umsatzträger Tracleer gefunden zu haben. Tracleer bringt jährlich einen Umsatz von rund 1,2 Milliarden Euro, doch in wenigen Jahren läuft der Patentschutz ab. (15)

Deutschlands größtes Biotech-Unternehmen **Qiagen** (Hilden) legte im ersten Quartal des laufenden Jahres sowohl beim Umsatz als auch beim Gewinn zu. Hauptsächlich dazu beigetragen hat Qiagens Hauptprodukt, ein molekularer Test zum Nachweis von HPV, ein Virus, das Gebärmutterhalskrebs auslösen kann. (16)

Medigene (Martinsried) meldete zwar einen Verlust für das erste Quartal 2012 und geht von steigenden Ausgaben für die noch andauernde klinische Entwicklung von RhuDex aus, erwartet aber weiterhin steigende Umsätze für das laufende Jahr.

(17)

Auch **Evotec** schrieb einen Verlust und hält an der positiven Entwicklungsaussicht für das Gesamtjahr fest. Im Jahr 2012 erwartet das Hamburger Biotechnologieunternehmen ein zweistelliges Wachstum des Konzernumsatzes auf 88 bis 90 Mio. Euro. (18)

MorphoSys (Martinsried) schrieb ebenfalls Verluste im ersten Quartal, bestätigt aber die Prognose für 2012 und erwartet einen Umsatz zwischen 75 Millionen Euro und 80 Millionen Euro sowie einen Gewinn vor Zinsen und Steuern (EBIT) zwischen einer Million Euro und fünf Millionen Euro. (19)

Zahlen & Fakten

Biotechnologie-Report 2012 bestätigt Tendenzen

Der im April 2012 veröffentlichte Deutsche Biotechnologie-Report 2012 der Wirtschaftsprüfungsgesellschaft Ernst & Young (E&Y) weist spezielle Daten für auf Biotechnologie fokussierte Unternehmen aus, die ihren Stammsitz in Deutschland haben. Der Umsatz dieser 397 Biotech-Unternehmen mit Stammsitz in Deutschland kletterte demnach 2011 um zehn Prozent auf 1,09

Milliarden Euro. Sie beschäftigen rund 10 000 Mitarbeiter.

Laut Ernst & Young hat sich der Zufluss von Kapital (Venture Capital) um 71 Prozent von 441 Millionen Euro auf 130 Millionen Euro verringert. Dabei spendierten die Risikokapitalgeber 87 Millionen Euro (im Vorjahr 281), die börsennotierten Unternehmen erhielten 43 Millionen Euro (im Vorjahr 160 Millionen Euro). Zusätzlich gibt es einen Mittelzufluss alternativer Investoren wie Family Offices, Privatinvestoren und entsprechender Fonds, aber auch Fördergeldgebern (EU, Bund, Länder) und Stiftungen; diese Gelder sind allerdings nicht genau zu beziffern. (7)

Abbildung 1: Bisher neun zugelassene Therapeutika dedizierter deutscher Biotechnologie-Unternehmen

Unternehmen	Produkt	Indikation
Biofrontera AG	Ameluz	Aktinische Keratose
Euroderm GmbH	Epidex	Wundbehandlung
Fresenius Biotech GmbH/Trion Pharma	ATG-Fresenius 5	Transplantation
Fresenius Biotech GmbH/Trion Pharma	Removab	Bauchwassersucht
Jerini AG (jetzt Shire Group)	Firazyr	Heriditäres

	(Icatibant)	Angioödem
Medigene AG	Eligard	Prostata-Karzinom
Medigene AG	Veregen	Genitalwarzen
Merckle Biotech GmbH/Biogenerix	Ratiograstim	Neutropenie
Merckle Biotech GmbH/Biogenerix	Epoethin theta	Blutarmut

Quelle: biotechnologie.de

Entnommen aus: Bundesministerium für Bildung und Forschung, Die deutsche Biotechnologiebranche 2012, 09.05.2012 (5)

Weiterführende Literatur

(1) Biotechnologie: Markt in Bewegung
aus Deutsches Ärzteblatt 10/109 vom 09.03.12 Seite 498

(2) Im Blockbuster-Fieber Biotechnologie. Die Aktien geraten wieder in den Fokus der Anleger. Die Chancen auf klinische Erfolge und Übernahmeprämien sind hoch
aus Capital vom 16.05.2012, Seite 199

(3) Deutsche Biotechnologie Branche auf Wachstumskurs
aus LP Nr. 005 vom 18.05.2012 Seite 13

(4) <Biofrontera AG> 5330135822
aus <Medizin> MEZ

(5) Die deutsche Biotechnologiebranche 2012
aus <Medizin> MEZ

(6) Evotec-Aktie: Meilensteinzahlung von Boehringer Ingelheim
aus <Medizin> MEZ

(7) Einbrechender Kapitalfluss erfasst Deutschlands Biotechnologie
aus www.LifeGen.de, 18.04.2012

(8) Biotech Gesamttitel: Neue Waffen gegen Krebs
aus Focus Money, 07.03.2012; Ausgabe: 11; Seite: 20-21

(9) Merck und Dr. Reddy's Laboratories arbeiten bei Entwicklung und Vermarktung von Biosimilars zusammen
aus <Medizin> MEZ

(10) Heimische Firmen sind führend in Europa
aus Handelsblatt Nr. 105 vom 01.06.2012 Seite 031

(11) Wilex profitiert von US-Partnern
aus Handelsblatt Nr. 105 vom 01.06.2012 Seite 031

(12) ACHEMA 2012-Trendbericht Biopharmazeutika Erweiterung der Produktpalette in Therapie und

Diagnostik
aus www.process.de vom 24.05.2012

(13) Jedes dritte Arzneimittel ist ein Biological
aus Ärzte Zeitung Nr. 102 vom 06.06.2012, Seite 14

(14) Glaxo will Blockbuster für sich
aus Finanz und Wirtschaft vom 12.05.2012, Seite 9

(15) Erfolg bringt Aufatmen bei Actelion
aus "medianet" Nr. 1554/2012 vom 11.05.2012 Seite: 24

(16) Biotechkonzern nimmt wieder Fahrt auf Aktie
QIAGEN +9,8 % seit Kauf-Empfehlung in Heft 13/12
aus Börse online vom 03.05.2012, Seite 51

(17) MediGene-Aktie: Verlust im ersten Quartal,
Jahresprognose für 2012 bestätigt
aus Börse online vom 03.05.2012, Seite 51

(18) Evotec-Aktie: Umsatz steigt an, Verlust
ausgeweitet
aus Börse online vom 03.05.2012, Seite 51

(19) MorphoSys-Aktie: Verlust im ersten Quartal,
Prognose bestätigt
aus Börse online vom 03.05.2012, Seite 51

Impressum

Biotechnologie - Moderates Wachstum trotz Kapitalmangel, deutsche Biotechs stark in Krebsforschung

Bibliografische Information der deutschen Nationalbibliothek

Die Deutsche Nationalbibliothek verzeichnet diese Publikation in der deutschen Nationalbibliografie; detaillierte bibliografische Daten sind im Internet über http://dnb.d-nb.de abrufbar.

ISBN: 978-3-7379-2775-8

© 2015 GBI-Genios Deutsche Wirtschaftsdatenbank GmbH, Freischützstraße 96, 81927 München, www.genios.de

Alle Rechte vorbehalten. Dieses Werk ist einschließlich aller seiner Teile – z.B. Texte, Tabellen und Grafiken - urheberrechtlich geschützt. Jede Verwertung außerhalb der Grenzen des Urheberrechtsgesetzes bedarf der vorherigen Zustimmung des Verlags. Dies gilt insbesondere auch für auszugsweise Nachdrucke, fotomechanische Vervielfältigungen (Fotokopie/Mikroskopie), Übersetzungen, Auswertungen durch Datenbanken oder ähnliche Einrichtungen und die Einspeicherung und Verarbeitung in elektronischen Systemen.